Tinta Negra
Black Ink

Xánath Caraza

Translated by Sandra Kingery

Copyright © 2015 Xánath Caraza
©2015 Xánath Caraza, Text in Spanish
©2015 Sandra Kingery, English translation
©2016 Karla Hernández, cover photo

Cover image: *Corazón de tinta y obsidiana* por Silvia Santos©
34.8 X 25 cm. Gouache y tinta sobre papel Ingres

These poems, sometimes in previous versions, have been published in the following media, in *150 Poems in Kansas*, in *Revista Zona de ocio #37*, in *Thorny Locust*, in *Mago Circle*, in *Dicen que Dicen*, and in *Revista Contratiempo*.

All rights reserved. No part of this book may be reproduced in any manner without the express written consent of the Publisher, except in the case of brief excerpts in critical reviews or articles. All inquiries should be addressed to: Pandora Lobo Estepario Productions, 1239 N. Greenview Ave. Chicago, IL 60642

Published 2016

All rights reserved.

ISBN-10: 1-940856-27-2
ISBN-13: 978-1-940856-27-8
Library of Congress Control Number: 2016905551

"Never be afraid of the inner sounds you hear."

—Louis Reyes Rivera

I.

Llueve en el fosforescente verde matutino
descubro entre la cibernética tinta negra
entre un desconocido norte que es mi sur
palabras entretejidas con miedos
sentimientos disfrazados de distancia
muros metálicos dividen dos países
dos corazones, madres e hijos
Padres y hermanos, pasado y presente
¿Qué nos hace diferentes?
Somos manos que escriben, que trabajan
limpian y guían en la oscuridad más grande
¿Qué es una frontera? Límites creados
culturas forzadas a darse la espalda
llueve en el fosforescente verde matutino
descubro entre la tinta negra de esta
pantalla de luz artificial los hombres
y mujeres sin nombre que apenas
dejan rastro de su existencia en
los desiertos. Anónimos seres
que nunca serán reclamados
esperan las madres orgullosas a los
hijos e hijas tragados por la flamígera
arena del desierto. Rojo atardecer llena
mi pantalla y la tinta negra empieza a
sangrar.

I.

It's raining in the phosphorescent greenness of daybreak
I discover in the cybernetic black ink
in an unknown north that is my south
words interwoven with fears
emotions disguised as distance
metallic walls dividing two nations
two hearts, mothers and children
fathers and siblings, past and present
What makes us different?
We are hands that write, that work
cleaning and guiding in the darkest dark
What is a border? Created limits
cultures forced to turn their back
it's raining in the phosphorescent greenness of daybreak
I discover in the black ink of this
screen of artificial light nameless
men and women who barely
leave a trace of their existence in
the deserts. Anonymous beings
who will never be claimed
proud mothers awaiting
sons and daughters swallowed by the scorching
desert sand. Red twilight fills
my screen and the black ink begins to
bleed.

II.

Cielo abierto con olor a praderas
lentamente recupero tus ritmos
mar ancestral, verde abismal
tierra del centro, América la profunda
aún hay poemas por escribirse
por cantarse. Líneas en las páginas
se irán forjando con la cadencia
de los gigantes de agua
de este cielo amplio, olor a caballos
salvajes inunda esta atmósfera
yeguas sueltas corren a la luz
del amanecer en las praderas
nadan entre la corriente de verdes
aguas, pastos altos pintan el lienzo
de la vida esta mañana. Poesía
del trinar de los pájaros y de las
criaturas salvajes que llenan con
sus plumajes las líneas de esta
estrofa. Canta mar verde de pastos
altos, hondo mar, en el lienzo
blanco que lleno con dorada luz.

II.

Open sky smelling of meadows
I slowly recover your rhythms
ancestral sea, abysmal green
land of the center, deep America
there are still poems to be written
to be sung. Lines on the page
they will be forged with the cadence
of the giants of water
of this spacious sky, the smell of wild
horses floods this atmosphere
loose mares run in the light
of daybreak in the meadows
swimming through streams of green
waters, soaring grasses decorate the canvas
of life this morning. Poetry
of birdsong and of
wild warblers whose feathers
fill the lines of this
stanza. Sing green sea of soaring
grasses, deep sea, on the white
canvas that I fill with golden light.

III.

Cazo la luna azul de julio
lluvia de dolorosa luz
penetrante mirada encuentro
ciervo despreocupado
compañero de la noche
fluye de sus pupilas ritmo
escucha, siente el latir del corazón
no todo está perdido
oleaje embravecido en la distancia
nueva corriente arrecia
no todo se ha olvidado
brilla la nocturna esperanza
bajo la luna azul.

III.

I hunt the blue moon of July
drizzle of mournful light
penetrating gaze I find
impervious stag
companion of the night
rhythm flows from its pupils
it listens, feeling the beat of its heart
not everything is lost
rough waves in the distance
new current intensifies
not everything is forgotten
nocturnal hope shines
beneath the blue moon.

IV.

En la distancia húmeda
de esta mercurial mañana
el acechante verde
se acerca a mí, me atrapa
los días fluyen poco a poco
largas horas
y el vacío se instala en
el fracturado espíritu
no hay flamígeros latidos
ni anhelante espera bermeja
las palabras dulces se desvanecen
las redes de acero se han construido
protecciones ante el miedo
¿Qué nos queda?
La creencia de poder estar
la ilusión de construir con otros
los recuerdos que se niegan.

IV.

In the damp distance
of this mercurial morning
the stalking greenness
draws near, it entraps me
days flow little by little
long hours
emptiness settles
in the fractured spirit
there are no blazing heartbeats
nor eager auburn anticipation
the sweet words fade
steel nets have been built
protections against fear
What remains?
The belief that we can exist
the thrill of building with others
the memories denied.

V.

Cada día te he pensado
invocado, cada día
lágrimas, deseos
y versos en la almohada
entre sueños te perdía
a media luz te encontraba
cada día tus labios
bebieron mi agua
cada día, con disciplina
la última y primera palabra
áurea poesía.

V.

Every day I've thought you
invoked you, every day
tears, desires
and verses on my pillow
I would lose you amidst dreams
find you in the penumbra
every day your lips
drank my water
every day with discipline
the final word and the first
precious poetry.

VI.

El viento no quiere soplar
para que no me llegue tu canto
la lluvia no quiere caer
para que no riegue mis ojos
el sol no quiere irradiar
para que no broncee mi piel
la oscuridad no quiere nacer
para que no toques la punta de mis dedos
extiéndete día con tu luz
y rompe este hechizo
pulsa canto de caracolas
y envuélveme en tus olas
ilumínate rosa ante mí
y cubre con tus pétalos mi cabellera
te llevo enredado en el pelo
el viento no quiere soplar
la lluvia no quiere caer
enciéndete llama herida
flamígeros recuerdos
brilla aurora ante el nuevo día.

VI.

The wind doesn't want to blow
so that your song won't reach me
the rain doesn't want to fall
so that it won't flush my eyes
the sun doesn't want to radiate
so that my skin won't tan
darkness doesn't want to emerge
so that you won't touch my fingertips
daylight, expand
and break this spell
chorus of conches, pulsate
and wrap me in your waves
rose, shine forth before me
and cover my hair with your petals
I carry you entangled in my curls
the wind doesn't want to blow
the rain doesn't want to fall
blaze on, wounded flame
fiery memories
morning sun, shine forth and behold the new day.

VII.

Trémula esencia es la palabra
su sonido
me despierta esta mañana
al forjarse en los
metales del tiempo
se impregna en la sangre
fluir constante en las arterias
las venas desechan las sílabas
fluir de sentimientos es la palabra
brota de las yemas de los dedos
se graba en la piel
absorbemos fonemas
con el frágil corazón
atraviesan la cutícula
esgrafían las células
material genético
círculos de tinta expulsamos
concéntricos pensamientos
excéntricas vibraciones de voz
alcanzan tu oído, trémula esencia.

VII.

Tremulous essence is the word
its sound
awakens me this morning
forging itself in the
metals of time
impregnating itself in the blood
constant fluidity in arteries
veins cast off syllables
flowing sentiment is the word
it sprouts from fingertips
is engraved on the skin
we absorb phonemes
with fragile hearts
they pierce the cuticle
like sgraffito on cells
genetic material
we exude circles of ink
concentric thoughts
eccentric vibrations of voice
reach your ear, tremulous essence.

VIII.

Llena de magia las palabras
déjalas que fluyan en el papel
no hay miedos ni sombras que las
puedan contener
vibra en el aire magia divina
y llena mi cuerpo de luz
cúbreme con tu manto
protégeme con buenos deseos
no hay puños que detengan
el fluir de mi pensamiento
ni dientes que rasguen mi carne
las palabras entran
las palabras fluyen

Tinta negra corre en las venas.

VIII.

Fill the words with magic
let them flow onto the paper
there are no fears or shadows that
can contain them
vibrate in the air, divine magic
and fill my body with light
cover me with your cape
protect me with good wishes
there are no fists that detain
the cascade of my thoughts
nor teeth that tear my flesh
the words enter
the words flow

Black ink runs through my veins.

IX.

Vientecito barre las palabras de ayer
sol de mañana entona el nuevo día
enreda en las ramas de luz los rojos labios
pájaro azul vuela hasta los versos de la memoria
canto agudo llena mi oído de ti
canto hondo reboza mi garganta de amor
guitarra suena, una y otra vez
frondosa hierbabuena atrae las pasajeras calandrias
tiempo invoca metáforas esta noche
nube densa desplázate hasta la luna
abrázame como ayer luna, brilla para mí
que tu luz se vuelva el cenit de esta noche
que el viento no te esparza
entiérrate luz de luna en mis pies
clávate en mi sangre
fluye en mis pensamientos
luz de luna báñame con tu calor
con tu húmeda mirada
cubre de besos mis labios
luna de plata, luz de luna
dorada noche, camino al alma.

IX.

Sweep away, wind, words gone by
morning sun, intone the day anew
entangle red lips in the branches of light
fly, blue bird, to remembered verses
soaring song, fill my ear with you
deep song, coat my throat with love
sing, guitar, once and over again
lush mint, attract passing orioles
time, invoke metaphors tonight
dense cloud, escape to the moon
shine, moon, hug me like afore
may your light become the zenith of this night
may the wind scatter you not
light of the moon, bury yourself in my feet
dive into my blood
flow in my thoughts
light of the moon, bathe me with your heat
with your humid gaze
cover my lips with kisses
moon of silver, light of the moon
golden night, path to the soul.

X.

Frágiles sílabas me envuelven
tus sonidos alcanzan mi piel
cálido aliento y suaves yemas
recorren la superficie del cuerpo
en la distancia, en la oscuridad.

Llamado de águila, soy la anhelada presa
en tus manos las palabras arden
el arco de tus alas se extiende
la brisa de tu fuerte aletear
deshace el tiempo.

A través de tus ojos
descubro el verde que te rodea
selva olmeca que humedece tu canto
líquido sentimiento, eterna voz
pronuncia mi nombre.

Escríbelo con tinta negra.

X.

Fragile syllables envelop me
your sounds access my skin
warm breath and soft fingertips
traverse the surface of my body
in the distance, in the darkness.

Eagle calls, I am the longed for prey
in your hands words smolder
the width of your wings extends
the draft of your strong winging
undoes time

Through your eyes
I discover the green that surrounds you
Olmec jungle that dampens your song
liquid sentiment, eternal voice
pronounce my name

Write it in black ink.

XI.

Silente espacio
en las páginas
oquedad luminosa

Vibra el aire entre
las persianas
amanecer vacío

Dorados pensamientos
esgrafían el papel
ruido blanco

Áurea laguna
el tiempo la engulle
rítmica evaporación

Recuerdos ámbares
los alejo
ruido blanco.

XI.

Silent space
on the pages
luminous vacancy

The air between
the shutters vibrates
empty daybreak

Gilded thoughts
sgraffito on paper
white noise

Golden lagoon
engulfed by time
rhythmic evaporation

Ochre memories
I distance them
white noise.

XII.

Porque amas
silencio sepulcral
del otro lado del río
saturada oquedad blanca

No se ama en un día
ni se olvida en dos

El mercurial viento se llena
de recuerdos esta tarde
fríos campos recorren
nívea soledad

Sólo amar, sólo amar
como el poeta a la poesía
entre líneas y blancos espacios
sin miedo de las sombras.

XII.

Because you love
sepulchral silence
from the other side of the river
saturated white vacancy

We don't love in a day
or forget in two

The mercurial wind is filled
with memories this afternoon
cold fields pass over
snow-white solitude

To love, only to love
like the poet loves poetry
between lines and white spaces
without fear of the shadows.

XIII.

Lacustre vida soy
agua de este río
subterráneas corrientes
invisibles senderos del alma
mi corazón late con el ritmo
líquido, cauce acuático y
palpitaciones pluviales nutren

Esta calma simulada
esconde la embravecida soledad
viajo cual gaviota
cerca de la superficie
soy tan solo un punto en el
mapa fluvial de tu mano
hidrografía metálica

Denso y oscuro silencio
deseo, desvanécete
fluye en los secretos
canales lacustres
del fondo de este río
líquidas pulsaciones
se tatúan en la página.

XIII.

I am lacustrine life
water from this river
subterranean currents
invisible paths of the soul
my heart beats with liquid rhythm
aquatic riverbed and
palpitations of precipitation nourish

This simulated calm
hides choppy solitude
like a seagull I travel
close to the surface
a mere dot on the
fluvial map of your hand
metallic hydrography

Dense and dark silence
desire, be gone
flow in the secret
lacustrian canals
of the depths of this river
liquid pulsations
are tattooed on the page.

XIV.

Gutural desencanto
abiertas las inocentes manos
en un segundo cortadas
desmembradas del cuerpo
sangrantes manos salvajes
un capítulo se cierra
paredes se refuerzan
y el encierro es total
no hay agua que penetre
los muros de frío acero
mucho menos niebla
dulce música a lo lejos
se estremece en el corazón
las ondas de los cantos
alcanzan los grises átomos
trémulas notas musicales
derretirán el metal.

XIV.

Guttural disillusionment
the open innocent hands
are cut in an instant
dismembered from the body
blood-soaked ferocious hands
a chapter is closed
walls reinforced
and the enclosure complete
no water
much less fog
can penetrate the cold steel walls
sweet music in the distance
shuddering in the heart
the waves of songs
reach the gray atoms
tremulous musical notes
will dissolve the steel.

XV.

Manos sobre el tronco del Texo
huellas grabadas en la corteza
la savia entra en el torrente sanguíneo
verde atmósfera me absorbe
el bosque me susurra sus cantos
sonidos de hojas y flores al caer

El agua cristalina confiesa su dolor
lavo mi cuerpo en el manantial
agua helada de la montaña
los pies se hunden en la tristeza
el cuerpo flota corriente abajo
el cálido sol no alcanza mi rostro

Tinta negra fluye en el caudal.

XV.

Hands upon the trunk of the Texo tree
fingerprints engraved on the bark
sap entering the bloodstream
green atmosphere absorbs me
the forest whispering its songs to me
sounds of leaves and flowers as they fall

Crystalline water confesses its pain
I bathe my body in the natural spring
icy water from the mountain
my feet sinking into sadness
my body floating downstream
the warm sun does not reach my face

Black ink flows in the quickening current.

XVI.

Penetra los poros de la piel
este sentimiento que cubre
llega hasta el centro del cuerpo
sensible como papel
de arroz frente al viento
inexplicable sentir, cuerdas
de seda desde mi piel a la tuya
caricias bordadas en llamas
palpitantes corazones
fundidos en un solo latir
incomprensible sentimiento morado
pulsa sin parar, incontenible sentir
quema cada célula del cuerpo.

XVI.

Penetrating the pores of the skin
this sentiment that covers
reaches the center of the body
sensitive like rice paper
before the wind
inexplicable sensation
silk cords from my skin to yours
caresses embroidered in flames
racing hearts
fusing into a single beat
incomprehensible purple sentiment
pulsating unceasingly, uncontainable sensation
burning every bone of the body.

XVII.

Hojas de otoño desprenden
multicolores pensamientos
frente a la gran ventana
sol ámbar brilla en la mañana

Sostenidas en las ramas desnudas
pequeños brotes de esperanza
dan luz al anaranjado día
cristalinas ráfagas de viento llegan

Un año ha pasado, otro otoño
se desvanece en las páginas
de tu mente mi aroma escapa
el sabor de mi piel se pierde

La tenacidad de mi mirada
queda grabada en la mente
junto con un beso que
hace eco en el oído.

XVII.

Autumn leaves detach
multicolor thoughts
before the wide window
amber sun sparkles in the morning

Sustained in the naked branches
small buds of hope
give light to the orange-colored day
crystalline gusts of wind appear

A year has passed, another autumn
fades on the pages
of your mind my scent escapes
the taste of my skin is lost

The tenacity of my gaze
remains engraved in your mind
alongside a kiss that
reverberates in your ear.

XVIII.

El amor es más fuerte
a través del tiempo
la distancia

El amor es más fuerte
resistencia derretida
no hay razonamiento
que lo justifique

El amor es más fuerte
no se produce pensamiento
lógico que lo descifre

El amor es más fuerte
inexplicable llamarada
sentirla de quien se ama
inunda la vida propia

El amor es más fuerte
la distancia se acorta
la piel arde en las páginas.

XVIII.

Love is stronger
through time
distance

Love is stronger
melted resistance
there's no argument
that justifies it

Love is stronger
no logical thought appears
to decipher it

Love is stronger
inexplicable surge
feeling it from the loved one
floods your life

Love is stronger
distance is shortened
skin burns on the pages.

XIX.

Se inunda de carmín la memoria
calles nunca caminadas
ciudades evaporadas de invisibles muros
bermejos recuerdos en mapas extraviados
no hay valentía, ni notas que cubran esta historia

Lágrimas de sangre escurren por
las trémulas mejillas
mojan la nacarada página
bermejo es el río en el
que se pierde el ritmo

Traga la corriente mi canto
lo lleva hasta el rojo mar
entre las olas se ahoga
sangrante espuma
pensamiento y corazón entrelazados.

XIX.

Memory is flooded with carmine
streets never traversed
evaporated cities of invisible walls
auburn memories on missing maps
there's no courage, nor notes that cover this story

Tears of blood run down
trembling cheeks
soaking the pearly page
auburn is the river in which
rhythm is lost

The current consumes my song
takes it to the red sea
it drowns amidst the waves
bloody foam
thought and heart intertwined.

XX.

¿Es el final el principio
de una nueva etapa?
¿Es el principio el final
de un viejo sentimiento?

Luz, penetra las sombras
entre las frondas del árbol
de barro, arabescos son
tus ramas, tus hojas
bolas de fuego

Mariposas como frutos
en las puntas de tus brazos
miles, como diosa indú
árbol de barro
flores color de la tierra

Raíces extendidas hasta
mis manos, noches
blancas lleno con
los restantes
frutos

El viento sopla
entre mis dedos
los recuerdos
se derraman en
el rebosante tintero.

XX.

Is the end the beginning
of a new stage?
Is the beginning the end
of an old sentiment?

Light, penetrate the shadows
amidst the foliage of the tree
of clay, your branches are
arabesque, your leaves
balls of fire

Butterflies like fruits
on the tips of your innumerable
arms, like a Hindu goddess
clay tree
earth-colored flowers

Roots stretched to reach
my hands, I fill
white nights with
the remaining
fruits

The wind blows
between my fingers
memories
spill into
the overflowing inkwell.

XXI.

Aroma al pasado
en una taza de té
se enciende en el agua

Minúsculas hojas
navegan, prediciéndolo
desde ahora, desde ayer

Recuerdos frente a la ventana
tres veces, tres sorbos
dorada mirada en flamígeras hojas

Maples, pintores del lienzo crepuscular
otoño en la pupila y los pulmones
hojas de té en los surcos de la piel.

XXI.

Scent of the past
in a cup of tea
set ablaze within the water

Minuscule leaves
set sail, foreseeing it
from the present, from days gone by

Memories before the window
three times, three sips
golden gaze in blazing leaves

Maples, painters of the crepuscular canvas
autumn in pupil and lungs
tea leaves in the creases of the skin.

XXII.

Sueño de barro
en el vacío se quiebra
constante sequía del alma

Sueños que caen al silencio
engullidos por tornados
de melancolía

Áridas indeseadas tierras
muchos son los años perdidos
en el silencio del invierno

Cuerpo perdido en un suspiro
¿Qué me queda?
¿Cuánto tiempo?

Recorro los distantes labios
con las yemas de los dedos
la piel gime

Cuenca deshabitada
los dioses de la carne
exigen su sacrificio.

XXII.

Clay dream
broken in the emptiness
constant drought of the soul

Dreams that fall into silence
engulfed by tornados
of melancholy

Arid undesired lands
many years are lost
in the silence of winter

Body lost in a sigh
What's left for me?
How much time?

I traverse distant lips
with the tips of my fingers
the skin moans

Empty basin
the gods of the flesh
demand their sacrifice.

XXIII.

Superficie impresionista
pinta cada hora el torrente
evoluciona tu presencia
en la distancia

Cristalina superficie
en el Hudson
dicta palabras
ventana que ofrece el alma

Tu nombre grabado
en esta densa agua
potente flujo
silenciosa humedad

Fluye, fluye en libertad
en esta corriente
enredada con luz
vuela hasta mí

Emana esta fuerza
mécete en mis brazos
lléname de agua
baña mis palabras en
este río de soledad.

XXIII.

Impressionist surface
paints the torrent every hour
your presence evolving
in the distance

Crystalline surface
on the Hudson
dictates words
window offering the soul

Your name engraved
in this dense water
powerful flow
silent humidity

Flow, flow in freedom
in this current
entwined with light
fly to me

Emanate this strength
rock yourself in my arms
fill me with water
bathe my words in
this river of solitude.

XXIV.

Viento, pinta la superficie
del Hudson al mediodía
interminable agua metálica

Vibran en las venas
fluyen en el vientre
metálicos recuerdos

Largos sollozos grises
manos salvajes se alejan
corazón de agua brava

Susurros trémulos
agua helada, quema el alma
ojo de gaviota en el aire

Iridiscente burbuja de
hierro flota en
la superficie congelada

Ráfaga de viento
corta el agua
rojas olas emanan

Las palabras escapan
desde el oscuro fondo
del río Hudson

Peces emergen del centro
voladores deseos
escapan el tiempo

Largo metal avanza
penetra el agua
testigo en la ventana.

XXIV.

Wind, paint the surface
of the Hudson at midday
interminable metallic water

Metallic memories
vibrating in the veins
flowing in the abdomen

Long gray sobs
ferocious hands distance themselves
heart of choppy water

Tremulous whispers
icy water, burn the soul
seagull eye in the air

Iridescent bubble of
iron floating on
the frozen surface

Gust of wind
cut the water
red waves emanate

Words escape
from the dark depths
of the Hudson River

Fish emerge from the center
flying desires
escape time

Long metal approaches
Penetrating the water
Witness at the window.

XXV.

El viento se llena de canto sordo
frente al Hudson esta noche
vino tinto en la mesa
cielo salmón se desvanece
la última nota del día

Huelo tu piel en la distancia
en voz alta leo poesía
poema de ritmos de arena
tintero repleto de recuerdos
siento y escucho la melodía sin tiempo

La distancia barre la atemporal memoria
sed de jugos ámbares, líquida poesía
el hambre por las palabras traiciona
esencia de flor envuelve la noche
te siento y te escucho, poesía

Eres agua de este río
que en la oscuridad se mueve
sigiloso andar lacustre
acarrea deseos perdidos
en la corriente

Vibra jaguar desbocado
caudalosa agua nocturna
bébeme con el pensamiento
reconoce mi aroma, poesía
el ritmo de mi mano en la página.

XXV.

The wind is imbued with deep song
before the Hudson tonight
red wine on the table
salmon sky fading
the last note of the day

Smelling your skin in the distance
I read poetry out loud
poem with rhythms of sand
inkwell teeming with memories
I feel and hear the timeless melody

Distance sweeps the atemporal memory
thirst for amber juices, liquid poetry
the hunger for words betrays
essence of flower envelops the night
I feel you and hear you, poetry

You are water of this river
which moves in the darkness
stealthy lacustrian steps
transporting desires lost
in the current

Vibrating jaguar unleashed
fast-flowing nocturnal water
drink me with your thought
recognize my scent, poetry
the rhythm of my hand on the page.

XXVI.

Voz de caracola se mece
en el Hudson al mediodía
alcanza las negras flores
de mi cuerpo
golpea el corazón
ahoga mi canto
densa superficie
sentimientos enterrados
vibra zafiro, vibra

Acuático sentir se pierde
se mezcla con las
invisibles caracolas
muda melodía
vibra en el oído
reencuentra mi
sangre, hazme
cantar una vez más
densa agua del Hudson.

XXVI.

Conch song sways
on the Hudson at midday
grasping the black flowers
of my body
it strikes my heart
it drowns my song
dense surface
buried sentiments
vibrate sapphire, vibrate

Aquatic feeling is lost
it mixes with the
invisible conches
mute melody
vibrates in the ear
rediscover my
blood, make me
sing once again
dense water of the Hudson.

XXVII.

Halas mi cuerpo herido
sirena de luz
corrientes internas
oníricos recuerdos
conduces mis laceradas manos
sirena de luz
el alma se esparce en el mar
los labios se abren para dejar
entrar el agua
sirena de luz
arrastras mi vulnerable corazón

Sirena de luz
eterna rama dorada
te guía, me jala
ocultas mis ofuscados ojos
sirena de luz
ríos de sangre cubren la piel
estoy perdida
sirena de luz
canto matutino
rayo violeta de la aurora
recurrentes deseos diluidos

Tierra mojada
su aroma me baña
nacarada cortina de niebla
dónde me llevas
a estas horas
sirena de luz
mis pesares encuentras
en las olas que se alejan
la pena rescatas

sirena de luz
guíame en este último camino.

XXVII.

You attract my wounded body
siren of light
internal currents
oneiric memories
you drive my lacerated hands
siren of light
my soul is scattered upon the sea
lips open to let
water enter
siren of light
you drag my vulnerable heart

Siren of light
eternal golden branch
guides you, attracts me
you cover my disconcerted eyes
siren of light
rivers of blood cross my skin
I am lost
siren of light
morning song
purple ray of dawn
recurrent diluted desires

Damp earth
its scent cleanses me
pearly curtain of fog
where are you taking me
at this time of day
siren of light
you find my regrets
in the waves that disperse
you rescue my sorrow

siren of light
guide me in this final stretch.

XXVIII.

Opalescente andar
en esta tarde
faltan los pasos de arena
los giros de seda y oro

Opalescente crepúsculo
de bugambilias
tras la nacarada cortina de agua
no encuentro tus estrofas

Lejana melodía
de denso líquido
de nocturno mar de caracolas
bahía perdida de efímeros versos

Opalescente memoria
se enreda entre la espuma
un hilo de sangre se adhiere
a la nacarada página.

XXVIII.

Opalescent walk
this afternoon
the sandy steps are missing
the twists of silk and gold

Opalescent twilight
of bougainvillea
through the pearly curtain of water
I can't find your stanzas

Distant melody
of dense liquid
of nocturnal conch sea
lost bay of ephemeral verses

Opalescent memory
entwining with the foam
a trickle of blood adheres
to the pearly page.

XXIX.

Se me llena de verde la mirada
de barro mi suave piel
píntame el rostro frente a los helechos
con obsidiana nocturna
deja entrar la opalescente bruma

En la distancia tu profunda voz
montaña toca mi piel jazmín
pulmones entrelazados con aves pasajeras
verde humedad rompe los recuerdos
nacarados versos infinitos

Exuberante poesía azul
de las hojas emana
flores blancas desbordadas frente a mí
absorbo este aire cargado de verde
hoy se me llenó la piel de ti.

XXIX.

My gaze is filled with green
my soft skin with dirt
paint my face before the ferns
with nocturnal obsidian
invite the opalescent haze

In the distance your deep voice
mountain touch my jasmine skin
lungs entwined with migratory birds
green dampness undermining memories
infinite pearly verses

Exuberant blue poetry
emanates from leaves
white flowers overflowing before me
I absorb this air awash with green
today my skin was filled with you.

XXX.

Líquido sentir en esta tarde de invierno
denso oleaje me arrastra al crepúsculo
lejano pensamiento, lejana memoria

Paralelas palabras derraman
el mercurial verso en el torrente sanguíneo
recorren las venas, enredan al palpitante corazón

Hilos de plata y espuma dorada entran en la boca
traspasan la piel, surcos en el cuerpo, hondo sangrar
gotas lentas en la tierra fermentan los pensamientos

Verdes frondas brotan una vez más
al ritmo de este líquido andar
ríos sin rumbo se evaporan del alma

Los poros se abren a este sentir
bronceada piel se agita, el caudaloso
canto de dolor, contenido en el corazón, gime

Acuático pensamiento emana
profundos deseos sabor a miel y
dorada corriente bebo en soledad

La tinta negra penetra el papel.

XXX.

Liquid feeling in this winter afternoon
dense waves drag me to the crepuscule
distant thought, distant memory

Parallel words spill out
the mercurial verse flows in the torrent of blood
traverses the veins, entwines the palpitating heart

Silver threads and golden foam entering the mouth
penetrating the skin, furrows on the body, deep bleeding
slow droplets on the earth ferment thoughts

Green fronds sprout anew
to the beat of this liquid walking
meandering rivers evaporate from the soul

The pores open to this feeling
tanned skin is agitated, the rushing
refrain of pain, contained in the heart, moans

Aquatic thought exuding
profound desires the taste of honey and
golden current I drink in solitude

Black ink penetrates the paper.

Tinta negra / Black Ink, A Poetic Postulation
By Eugenia Toledo Renner

Xánath Caraza, native of the colorful land of Xalapa, Veracruz, Mexico, is a woman who "breathes poetry" and therefore writes every day. Writing is a very important part of her life, as are education and traveling. Having published numerous collections of short stories and poetry, Xánath comes to us today with a beautiful bilingual text entitled *Tinta negra / Black Ink*, translated by Sandra Kingery, from Pandora Lobo Estepario Productions Press, 2016. Let me explain why I strongly recommend this book.

As soon as we begin reading Poem I of *Tinta negra*, we immediately feel a palpable dualism, a real and painful world, the subject matter that not only the poetic voice but also her readers perceive, and secondly, the world of poetic articulation, internal and also spiritual.
 From its first lines, the collection attempts to elucidate certain points that are essential for every poet about the process of life, and therefore, of poetry, where it's coming from and where it's going. After the question: *What is a border?* and the answer: *Created limits / Cultures forced to turn their back*, we are confronted with two countries, hearts divided by walls, women who have lost their existence during their trip through the desert and many anonymous graves that no one remembers. Borders of any kind mean division, separation, and oppression. Spaces limited by fences and walls constitute a lack of freedom and losses. There is mention here of our *deep America* (Poem II) and the need to poeticize. Poeticizing in America can mean bleeding from its wounds or through its open veins (recalling Galeano). And in Poem IV, she answers: *What remains? / The belief that we can exist / The thrill of building with others / The memories denied.* Poetry is a communal and individual task, even if it is illusory.

Tinta negra / Black Ink, una postulación poética
Por Eugenia Toledo Renner

Xánath Caraza, oriunda de la colorida tierra de Xalapa, Veracruz, es una mujer que "respira la poesía" y por lo tanto, escribe cada día. Escribir es una parte muy importante en su vida como también lo ha sido la educación y viajar. Con numerosos libros de cuentos y poesía publicados, Xánath llega hoy hasta nosotros con un hermoso texto bilingüe titulado *Tinta negra / Black Ink*, traducido por Sandra Kingery, de Pandora Lobo Estepario Productions Press, 2016. Recomiendo ampliamente su lectura y a continuación explico por qué.

Desde que nos introducimos en la lectura de *Tinta negra* ya en el poema I sentimos en primer lugar un dualismo palpable, un mundo real y doloroso, la materia que percibe no solo el hablante lírico pero también sus lectores, y segundo, el mundo de la articulación poética, interno y también espiritual.

El poemario intenta dilucidar desde sus primeros versos ciertos puntos fundamentales para todo poeta acerca del proceso de la vida, y por ende, de la poesía, de dónde vine y hacia dónde va. Después de la pregunta: *¿Qué es una frontera?* Y la respuesta: *Límites creados, culturas forzadas a darse la espalda* nos enfrenta a dos países, a corazones divididos por muros, a mujeres que han perdido su existencia en su paso por el desierto y a muchas tumbas anónimas que nadie recuerda. Las fronteras, de cualquier tipo, significan división, separación y opresión. El espacio reducido por cercos y murallas constituye falta de libertad y pérdidas. Aquí se nos menciona nuestra *América la profunda* (P.II) y la necesidad de poetizar. Poetizar en América puede significar sangrar por su herida o por sus venas abiertas (recordando a Galeano). Y en el poema IV nos contesta: *¿Qué nos queda? / La creencia de poder estar / La ilusión de construir con otros / los recuerdos que se niegan*. La poesía es trabajo comunitario y personal, aunque sea una ilusión.

It is also discipline, research, water we need to drink (Poem V), and a struggle against the opposition of equivalence (Poem VI). But it is genetic material as well, a corporeal essence that flows in arteries (Poem VII). If it flows and is liquid in our system, it resembles a river whose currents go toward the sea, toward broad and libertarian spaces. These rivers, *subterranean currents, aquatic riverbed, and palpitations of precipitation* (images from Poem XIII) that traverse the female body like red ink, finally reach their destination, tingling in the fingertips, opening the hands that end up independent (*innocent and cut in an instant* as Poem XIV indicates, which brings Víctor Jara's hands to mind), and are spilled across the canvas or the page or overflow the inkwell of black ink.

We find ourselves before an act of profound love (Poem XVIII), a symbiosis, a chemical act where the components do not appear randomly, but because that is how it is. This is the secret of Xánath Caraza's poetry, she lives it and transports it (at a reading in Seattle in 2015, a poet whose name I cannot recall said that poetry "is like a virus"); meanwhile, Xánath tells us it is a trickle of blood that hurts, and it may even be spiritual childbirth through time. A woman knows these comparisons very well.

In conjunction with this poetic representation, Caraza discovers her underlying relationship with the natural. One very special aspect of her poetry is a visual unfolding. Xánath commits herself to beauty. She speaks in a striking fashion, moving through metaphors, internal musicality, repetition, adjectivation, a renewed gaze upon nature, and the strength of imagination to express the visible and invisible. And more than anything, we love her liquid worlds and colors. Olmec green, other greens, blue (which is the color of the indigenous mapuche culture here in South America), the golds, daybreaks, pearly and white and amber, pale and brilliant colors, and finally, the red blood, the black ink. The black ink of the title arrives in a powerful flood. Black ink on the empty page. Vital liquid that has crossed También es disciplina, investigación, agua que hay que beber

(P.V) y lucha contra las oposiciones de equivalencia (P. VI). Pero también es material genético, esencia del cuerpo que fluye en las arterias (P. VII). Si fluye y está en nuestro sistema líquido semeja un río cuyas corrientes van hacia el mar, hacia espacios amplios y libertarios. *Estos ríos, estas corrientes subterráneas, cauces acuáticos y palpitaciones pluviales* (imágenes del poema XIII) que recorren el cuerpo femenino como tinta roja, llegan finalmente a su destino, tintinean en las yemas de sus dedos, abren sus manos que terminan independientes (*inocentes y en un segundo cortadas* como se indica en el poema XIV, lo que nos trae a la memoria las manos de Víctor Jara), y se derraman sobre el lienzo o la página o rebosan el tintero de tinta negra.

Estamos aquí ante un acto de amor profundo (P. XVIII), una simbiosis, un acto químico donde los componentes no aparecen azarosamente, sino porque así es. Aquí está el secreto de la poesía de Xánath Caraza, la vive y la transporta (el año 2015 expresó una poeta cuyo nombre no recuerdo, en un recital en Seattle, la poesía "es como un virus"); mientras Xánath nos dice que es un hilo de sangre que duele y a lo mejor hasta es un parto espiritual en el tiempo. Una mujer conoce muy bien estas comparaciones.

Paralela a esta representación poética, Caraza encuentra su relación de base con lo natural. Un aspecto muy especial en su poesía es el despliegue visual. Xánath apuesta por la belleza. Habla de forma bella moviéndose por las metáforas, la musicalidad interna, la repetición, la adjetivación, la renovada mirada a la naturaleza y el poder imaginativo para decir lo visible y lo invisible. Y por sobre todo, nos encantan sus mundos líquidos y los colores. El verde olmeca, los otros verdes, el azul (que es el color de la cultura indígena mapuche acá en Sudamérica), los dorados, los crepúsculos, el nácar, el blanco, el ámbar, los colores pálidos y los encendidos, y finalmente, la sangre roja, la tinta negra. Viene fuerte el caudal de tinta negra que titula el texto. Tinta negra en la página vacía. Líquido vital que ha cruzado fronteras y que se entrelaza a las venas del cuerpo. Esta es poesía viva. La que está y es. Así llegamos al final de un libro compacto y redondo. La belleza poética es imponente, viva y anda por el mundo, como diría Gabriel Zaid.

¿Es el final el principio / de una nueva etapa? / *¿Es el principio el final / de un viejo sentimiento?* (P. XX) *¿Qué me queda?* (P. XXII) Y la respuesta: *Escríbelo con tinta negra* (P. X) *Líquidas pulsaciones / se tatúan en la página* (P.XIII).

Tinta negra tiene oficio, anima mucho y es tan bellísimo como la pintura de la cubierta del libro, llamada "Corazón de tinta y obsidiana", diseñada por Silvia Santos.

Eugenia Toledo Renner, escritora
Temuco, Chile / Seattle, WA, USA   Abril, 2016

borders and intertwined with the veins of the body. This is living poetry. It exists and is here. This brings us to the end of a compact and substantial book. The poetic beauty is impressive, it is alive and moves through the world, as Gabriel Zaid would say.

Is the end the beginning / Of a new stage? / Is the beginning the end / Of an old sentiment? (Poem XX) *What's left for me?* (Poem XXII) And the answer: *Write it in black ink* (Poem X) *Liquid pulsations / are tattooed on the page* (Poem XIII).

Tinta negra has a calling, it is energizing and as beautiful as the painting on the cover of the book, entitled "Corazón de tinta y obsidiana" [Heart of Ink and Obsidian], by Silvia Santos.

Eugenia Toledo Renner, author
Temuco, Chile / Seattle, WA, USA   April, 2016

Publisher/Editor

Pandora lobo estepario Productions
http://www.loboestepario.com/press
Chicago/Oaxaca

www.ingramcontent.com/pod-product-compliance
Lightning Source LLC
Chambersburg PA
CBHW051712040426
42446CB00008B/849